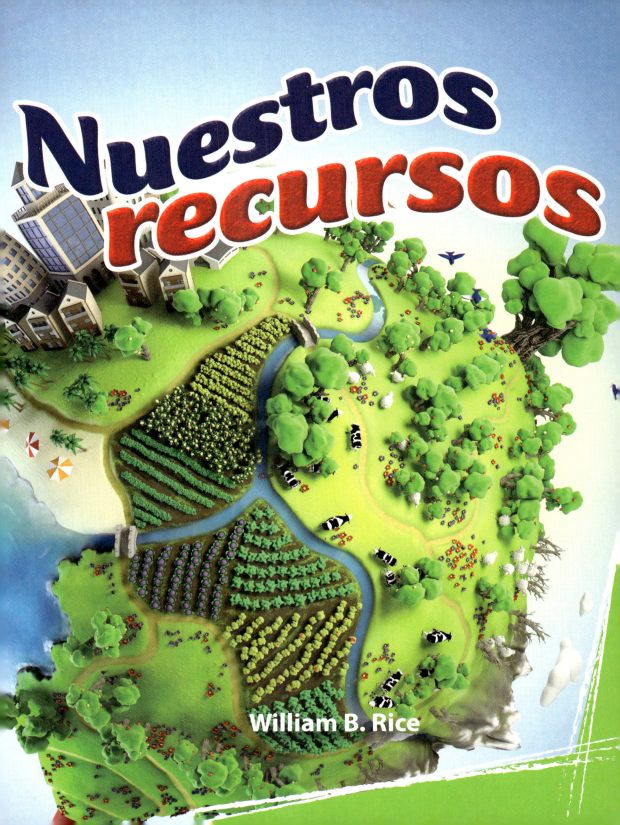

Asesora

Catherine Hollinger, CID, CLIA
EPA WaterSense Partner
Asesora ambiental

Créditos de publicación

Rachelle Cracchiolo, M.S.Ed., *Editora comercial*
Conni Medina, M.A.Ed., *Gerente editorial*
Diana Kenney, M.A.Ed., NBCT, *Editora principal*
Dona Herweck Rice, *Realizadora de la serie*
Robin Erickson, *Diseñadora de multimedia*
Timothy Bradley, *Ilustrador*

Créditos de las imágenes: Portada, pág.1 arquiplay77/iStock; pág.19 Courtney Patterson; págs.28, 29 J.J.Rudisill; pág.25 MCT/Newscom; pág.8 The Granger Collection, New York; págs.22, 23 Travis Hanson; pág.13 Wikimedia Commons; pág.13 Wild Wonders of Europe / Lundgren / naturepl.com; las demás imágenes cortesía de Shutterstock.

Teacher Created Materials
5301 Oceanus Drive
Huntington Beach, CA 92649-1030
http://www.tcmpub.com
ISBN 978-1-4258-4705-0
© 2018 Teacher Created Materials, Inc.

Contenido

Un día en la vida 4

Recursos naturales 10

Recursos renovables 12

Recursos no renovables. 18

Cómo encontrar, obtener y usar los recursos 22

El factor humano 24

Piensa como un científico 28

Glosario 30

Índice 31

¡Tu turno! 32

Un día en la vida

Alonzo se despertó con el zumbido del despertador. "¡Chitón!", murmuró mientras giraba para salir de debajo de las sábanas. Arrastró los pies hasta el baño y abrió la ducha para que se calentara el agua. Se cepilló los dientes mientras esperaba. Luego, era momento de enjabonarse y ponerse champú. Finalmente, se sintió despierto.

Alonzo sacó un pantalón vaquero, unas deportivas de suela de goma y una camisa de algodón de su armario. Vestido y listo, fue a la cocina y sacó leche y jugo de la nevera. Se sirvió cereal, agregó leche y desayunó mientras leía sobre el juego de la noche anterior en su teléfono inteligente. Luego, puso la taza y el tazón en el lavavajillas, tomó su mochila y se dirigió hacia la puerta. Se subió al auto y condujo hasta la escuela justo a tiempo para la clase de computación.

Alonzo pasó de una clase a otra, comió un almuerzo caliente con sus amigos y terminó el día con la práctica de natación en la piscina con climatización solar de la escuela. Luego, condujo a casa, donde se sentó con su computadora portátil, hizo la tarea y leyó un libro en su tableta hasta la hora de la cena. Cocinó brochetas en la parrilla con su familia y luego jugaron videojuegos hasta la hora de irse a dormir.

¡Buenas noches!

Ahora, aquí va la pregunta. ¿Cuántos recursos necesita Alonzo para sobrevivir a su día? La respuesta es: ¡más de los que podemos contar!

¿Qué son los recursos?

Un recurso es un material, un bien o un activo que ofrece un beneficio. El beneficio puede ser satisfacer una necesidad o un deseo. Puede ser proporcionar riqueza, mejorar el bienestar o ayudar a que un sistema funcione sin inconvenientes.

Si necesitas o quieres algo, un recurso se ocupará de eso. ¿Tienes sed? Bebe un vaso de agua. El agua y el vaso son recursos. ¿Tienes frío? Ponte un abrigo o enciende la calefacción. El abrigo y la calefacción, así como el gas que hace funcionar la calefacción, también son recursos.

Todos los días, usamos muchos recursos diferentes de diversas maneras. Usamos agua para beber, bañarnos y lavar la ropa. Usamos ropa para mantenernos abrigados y proteger el cuerpo. Usamos autos, autobuses, trenes y aviones para transportarnos. Usamos teléfonos y televisores, computadoras y reproductores de DVD. Vivimos en casas, compramos en tiendas y comemos en restaurantes. Todas estas cosas son recursos.

Materiales

Todos los recursos están fabricados de uno o más materiales. Piensa en un auto. Tiene cientos de piezas hechas de vidrio, plástico, fibra, goma y metales. Funciona con gasolina, agua y aceite para motor. Todos estos materiales también son recursos.

Tres cosas importantes

Cada recurso tiene tres características importantes: *utilidad* (su capacidad para satisfacer una necesidad o deseo), *disponibilidad* (cuánto hay) y *potencial* (la posibilidad de que se agote).

potencial

disponibilidad

utilidad

El agua dulce es un recurso que todos necesitamos para vivir. ¡La cantidad total de agua dulce en la Tierra si la pusiéramos en una bola gigante tendría casi 56 kilómetros (34.8 millas) de diámetro!

Los seres humanos necesitan recursos

Todos en el planeta necesitan recursos para vivir. Incluso el estilo de vida más básico necesita recursos. Necesitamos agua para beber. Requerimos alimentos para comer. Necesitamos ropa para mantenernos abrigados. Necesitamos refugio para protegernos. También requerimos aire para respirar. Estos recursos son necesarios solo para mantenernos vivos.

Las sociedades más **complejas** usan más recursos. La cantidad de recursos a los que una sociedad puede acceder y usar determina lo compleja que puede ser la sociedad. En la antigüedad, las personas pasaban su tiempo recolectando comida y cazando para mantenerse vivos. A medida que desarrollaron formas más fáciles de buscar, hacer crecer y producir alimentos, tenían más tiempo para conseguir y usar más recursos. Estas sociedades se desarrollaron y crecieron porque tenían más recursos disponibles.

Exploración europea

Desde el siglo xvi hasta el siglo xix aproximadamente, los exploradores europeos viajaron por el mundo en una gran era de exploración. Su principal misión era comercializar y encontrar recursos.

Las personas comenzaron a viajar por el mundo, explorando y recolectando recursos. Frecuentemente usaban esos recursos para que la sociedad progresara. Desafortunadamente, algunas veces tomaban lo que no era de ellos.

Las especias son recursos que buscaban los primeros exploradores.

Valor biológico

Los seres vivos necesitan recursos con valor **biológico**. Eso significa que el recurso satisface una necesidad básica de los seres vivos, como alimento o agua.

Recursos naturales

Entre la gran cantidad de recursos que hay en el mundo, la mayoría los ha hecho la Madre Tierra. Estos son **recursos naturales**. Las personas los usan para fabricar productos útiles. Podemos pensar en estos productos como recursos también. Un recurso natural es algo que proviene de la naturaleza. Algunos se encuentran en toda la Tierra. La luz solar y el aire son dos de dichos recursos. No corremos peligro de perder estos recursos. Otros se encuentran solo en algunos lugares. Algunas áreas tienen mucha más cantidad de un recurso que otras. De hecho, es posible que algunos recursos sean **escasos** en algunas áreas. Los recursos como el agua dulce, la mena de hierro y los **combustibles fósiles** son así.

Los cinco principales

Aquí se detallan los cinco recursos naturales más utilizados en el mundo:

- agua
- petróleo
- gas natural
- fósforo
- carbón

{ En 1816, se utilizó por primera vez el gas natural para iluminar una calle en Baltimore. }

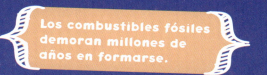

Los combustibles fósiles demoran millones de años en formarse.

Algunos recursos se toman de material vivo o que alguna vez estuvo vivo. Incluyen árboles, animales y cultivos. Los recursos minerales incluyen minerales de metales pesados como hierro, cobre y oro. Los recursos de combustibles fósiles incluyen petróleo crudo, gas natural y carbón.

animales

oro

carbón

Recursos renovables

Algunos recursos naturales son **renovables**. Pueden reabastecerse o volver a surtirse. Pueden perdurar si se administran adecuadamente. Pero si se usan en exceso, no tendrán suficiente tiempo para renovarse. Un recurso renovable es como el dinero que una persona gana por un trabajo. Solamente gana determinada cantidad de dinero por el salario. Si gasta más de lo que gana, la persona estará en peligro de no tener suficiente. El uso excesivo de los recursos también pone esos elementos en peligro.

Los recursos renovables se renuevan a una velocidad establecida. No pueden hacerlo más rápido. Si se agotan más rápido de lo que se reabastecen, no se renovarán lo suficientemente rápido para el uso humano. Por ejemplo, el suelo puede demorarse miles de años en estar lo suficientemente sano para que crezcan plantas. Una vez que se utiliza excesivamente, puede tomar muchos años en volver a estar sano.

deforestación en el Amazonas

¡Más despacio!

El uso de un recurso más allá de su velocidad de reabastecimiento hasta que alcanza el punto de colapso se denomina **sobreexplotación**. En palabras simples, esto significa que si un recurso se consume más rápido de lo que se recupera, está sobreexplotado.

Bacalao del Atlántico occidental

Durante siglos, el bacalao del Atlántico occidental fue un alimento popular. Se cocinaba en grandes cantidades. Hacia la década de 1970, las cantidades pescadas superaban la capacidad de restablecimiento. La población colapsó y no se ha recuperado. La pérdida de grandes cantidades de bacalao también afectó gravemente su ecosistema.

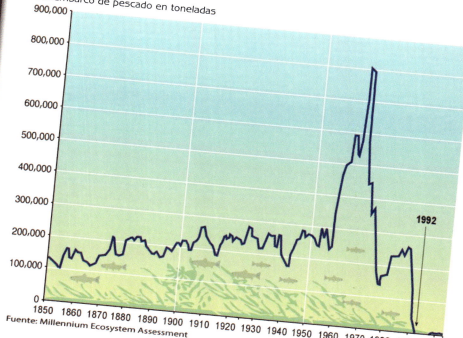

Bosques

Los bosques son renovables porque están compuestos por plantas. Nuevas plantas crecen constantemente en los bosques. Los árboles y otras plantas están ahí en grandes cantidades. El recurso más importante que proporcionan los bosques es la madera. Usamos madera de los árboles de muchas maneras. La mayoría de las casas se construyen con madera. Las sillas, los gabinetes y las mesas frecuentemente se construyen con madera. Muchos instrumentos musicales también se fabrican de madera. Y la madera no solo proporciona calor en las chimeneas, sino también calidez con su belleza.

Los bosques son partes importantes de muchos ecosistemas. Proporcionan alimento y hogar a muchos animales. También llenan el aire con el oxígeno que necesitamos para respirar.

¿Dónde estaríamos todos nosotros sin este formidable recurso?

energía lumínica

oxígeno

dióxido de carbono

Las ciudades necesitan bosques para mantenerse frescas. Los edificios y el pavimento atrapan y almacenan calor, pero los árboles ayudan a bajar la temperatura.

Inhala…exhala…

Los árboles y las plantas que llenan los bosques tienen un papel importante en el ciclo del oxígeno. Las plantas mediante la fotosíntesis toman dióxido de carbono del aire y lo convierten en oxígeno. Las personas necesitan oxígeno para respirar. ¡Gracias, árboles!

Este bosque está saludable.

Este bosque está yermo.

Agua

El agua es uno de los recursos más importantes de la Tierra. Es una sustancia única y maravillosa. Sin agua, no habría vida en nuestro planeta. La necesitamos para vivir. La requerimos para cultivar los alimentos que comemos y para que el cuerpo esté saludable.

Pero, también tiene muchos otros usos. La utilizamos para nadar, navegar y surfear. La usamos para combates acuáticos y juegos de lanzamiento de pelota. La utilizamos para lavar la ropa y los platos. Nos sirve para enfriar edificios y fábricas. Nos sirve para fabricar máquinas.

El vapor de agua llena la atmósfera y es el principal elemento del clima de la Tierra. Los océanos son enormes piscinas de agua que albergan miles de plantas y animales. Los lagos, ríos y agua subterránea se reabastecen de agua de lluvia y de la nieve.

Recursos humanos

Uno de los principales motivos por los que los seres humanos han podido vivir satisfactoriamente en muchos entornos es porque somos animales sociales. Somos recursos unos de otros. Crecemos bien porque vivimos y trabajamos juntos. Sobrevivimos porque nos ayudamos entre sí.

¿Dónde está el agua?

Solamente el 3 % del agua de la Tierra es agua dulce. Y gran parte de esta se encuentra en el suelo o está atrapada en la nieve y el hielo.

2 % ríos

11 % pantanos

0.3 % agua superficial

30.1 % agua subterránea

3 % agua dulce

0.9 % otro

87 % lagos

97 % agua salada (océanos)

68.7 % capas de hielo y glaciares

El agua subterránea se encuentra debajo de la superficie de la Tierra y puede estar allí durante miles de años hasta que se utilice.

Recursos no renovables

Los recursos no renovables pueden utilizarse solamente una vez. Después, la Tierra puede tardar millones de años en volver a crearlos, si es que llegue a hacerlo. Es como ganarse una lotería en la que hay una gran suma, pero solamente recibes esa suma una sola vez. Cuando se termina, se termina.

estación de carga de un auto eléctrico

Para y piensa

Como la gasolina es un recurso no renovable, se está intentando buscar nuevas formas de combustible para los automóviles. El aceite vegetal es un combustible que se ha descubierto. También hay automóviles eléctricos que han reducido e incluso eliminado la necesidad de gasolina en algunos vehículos. ¿En qué pensarás tú?

Combustibles fósiles

Los combustibles fósiles, como el gas natural, el petróleo y el carbón, abastecen el mundo con el 85 por ciento de su energía.

En la mayoría de los países, los combustibles fósiles son un recurso energético crucial. Los combustibles fósiles son sustancias como el petróleo crudo, el carbón y el gas natural. Proporcionan energía para alimentar a casi todas las **industrias**. El petróleo crudo se usa para hacer gasolina, combustible diésel y combustible para aviones de reacción. El carbón y el gas natural se utilizan para generar electricidad. ¡Simplemente piensa en qué sucedería si no tuviéramos estos recursos!

Obtenemos combustibles fósiles de debajo de la superficie de la Tierra. La Tierra tiene gran cantidad de estos recursos, pero no tiene un suministro ilimitado. Una vez que los agotemos, es todo. La Tierra tarda millones de años para generar más.

¿Cuánto queda?
Estos son los años estimados que nos quedan de combustibles fósiles en la Tierra.

Menas metálicas

Muchas de las cosas que usamos todos los días tienen piezas metálicas. Los metales son un recurso que usamos con frecuencia. Obtenemos metales de debajo de la superficie de la Tierra de rocas llamadas *menas*.

Las menas son un recurso no renovable. Hay gran cantidad de menas. Pero no hay siempre suficiente para que valga la pena sacarle el metal. Es posible que requiera más energía y dinero sacar el metal de lo que este vale.

Menas

Las rocas que tienen mucho hierro se denominan *mena de hierro*. Usamos el hierro para fabricar acero. Las rocas que tienen mucho cobre se denominan *mena de cobre*. Usamos el cobre para fabricar cables eléctricos.

mena de hierro

mena de cobre

Una de las mejores formas de administrar los recursos de metales es reciclar los productos metálicos usados.

Combustibles radiactivos

Usamos combustibles **radiactivos** para generar electricidad. Estos son metales especiales que se encuentran debajo de la superficie de la Tierra. Liberan energía cuando se rompen. El uranio es un metal radiactivo. Libera mucho calor. Podemos usarlo para generar electricidad. Algunos metales radiactivos pueden ser peligrosos. Y pueden durar millones de años.

No hay mucha mena de uranio en la Tierra. ¡Y no hay mucho uranio en la mena de uranio! Tenemos que usar muchos combustibles fósiles para extraer el metal de la mena. Algún día, no valdrá la pena sacar el uranio del suelo.

El símbolo internacional que indica radiación se utiliza para advertir a las personas para que se protejan de los materiales radiactivos.

Siete gramos de uranio pueden hacer el mismo trabajo que 3.5 barriles de petróleo o 1,779 libras de carbón.

Cómo encontrar, obtener y usar los recursos

Muchos recursos son fáciles de ver o encontrar. Pero algunos recursos son subterráneos. Hay muchos pasos en el proceso de búsqueda. Primero, un científico o ingeniero caminan por un área, observan y analizan las rocas. Si parecen prometedoras, las estudian más de cerca. Ese proceso puede incluir perforar agujeros en el suelo para observar debajo de la superficie. El científico o el ingeniero observan y miden. Esa información se utiliza para ayudar a decidir si se puede extraer el recurso del suelo. La minería de carbón y el bombeo de petróleo crudo se realizan de esta manera. Se denomina **extracción**.

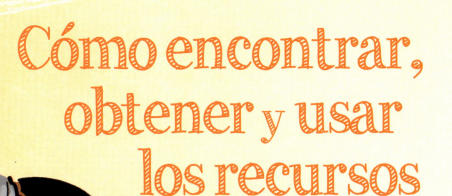

exploración

producción

tuberías de crudo

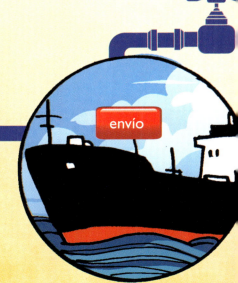

envío

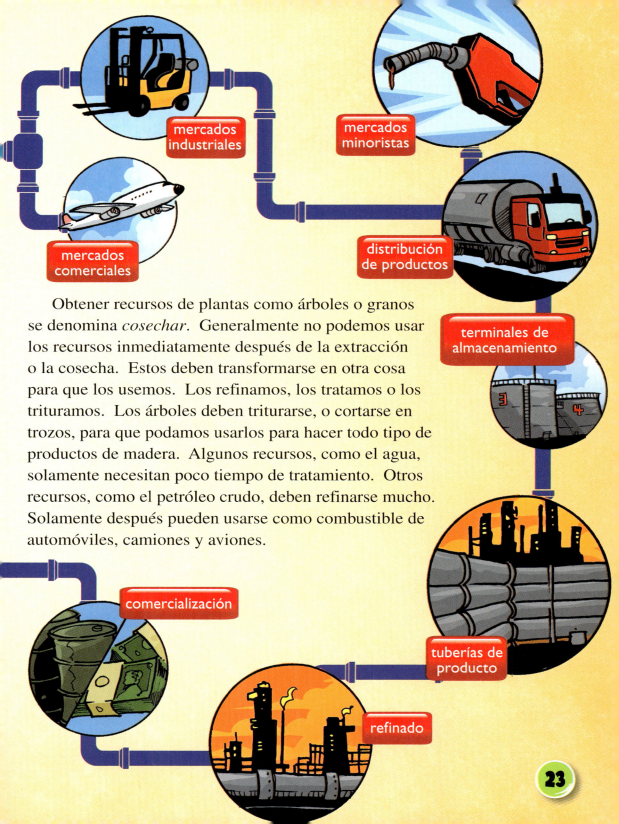

Obtener recursos de plantas como árboles o granos se denomina *cosechar*. Generalmente no podemos usar los recursos inmediatamente después de la extracción o la cosecha. Estos deben transformarse en otra cosa para que los usemos. Los refinamos, los tratamos o los trituramos. Los árboles deben triturarse, o cortarse en trozos, para que podamos usarlos para hacer todo tipo de productos de madera. Algunos recursos, como el agua, solamente necesitan poco tiempo de tratamiento. Otros recursos, como el petróleo crudo, deben refinarse mucho. Solamente después pueden usarse como combustible de automóviles, camiones y aviones.

El factor humano

El mundo es rico en recursos. Pero los recursos tienen sus límites. Pueden **agotarse** si somos imprudentes con ellos. Pueden dañarse si no los usamos sabiamente. Una mala administración de nuestra parte puede tener malos resultados para nosotros. El medio ambiente puede sufrir.

La contaminación es una amenaza importante para los recursos. Contaminamos el aire, el agua y la tierra con **sustancias químicas** y basura. El uso excesivo de un recurso puede contaminar otro.

El acuífero Ogallala

El **acuífero** Ogallala en las Grandes Llanuras de los Estados Unidos se llenó hace miles de años con agua glacial derretida. Tiene una baja velocidad de reabastecimiento, pero se ha usado mucho. ¡Puede tardar de 10,000 a 100,000 años reabastecer muchas partes del acuífero!

> Todos los días en los Estados Unidos, ¡las personas usan 18 millones de barriles de petróleo!

El agotamiento es otra amenaza. Proviene de una mala administración de los recursos. Sucede cuando usamos un recurso más rápido de lo que puede reabastecerse. La cantidad disponible del recurso se reduce en gran medida. Si seguimos agotando el recurso, corremos el riesgo de quedarnos sin nada. Cuando un recurso se explota en exceso, puede causar efectos peligrosos que duran cientos de años.

Trampa de basura
El Gran Parche de Basura del Pacífico es una enorme área oceánica que atrapa la basura no degradable de América del Norte y Asia. ¡Mide aproximadamente 19 millones de kilómetros cuadrados (7 millones de millas cuadradas)!

Basura en el mar

1. La basura llega al mar desde la tierra.
2. La basura queda atrapada en las corrientes.
3. Se forma la alfombra de basura. El agua de la superficie contiene seis veces más plástico que plancton.

Hawái, EE. UU.

Fuente: Greenpeace
Graphic: Jutta Scheibe, Morten Lyhne
© 2006 MCT

El mundo es rico en recursos. Ofrece todo lo que Alonzo, tú y yo necesitamos para vivir bien. El planeta también tiene una forma asombrosa de restaurarse. Nuestro desafío como seres humanos es usar bien los recursos al mismo tiempo que los protegemos para el futuro. Lo que hacemos ahora afecta a nuestros hijos y a nuestros nietos. Nuestro trabajo es asegurarnos de que tengan todo lo que necesitan para sobrevivir y desarrollarse, tal como lo hacemos nosotros.

Lo más importante que hay que recordar es esto: la Tierra sobrevivirá y se sanará aunque nosotros no cuidemos sus recursos. Somos los seres humanos los que no sobreviviremos si no somos lo suficientemente sabios en la forma de usar el planeta y todo lo bueno que este tiene para ofrecer.

¡Participa!

Existen muchas formas en las que puedes ayudar a que este mundo siga siendo rico en recursos.

- Usa recursos renovables, como energía solar para cargar tus dispositivos favoritos.
- Reutiliza algo viejo y transfórmalo en algo nuevo.
- Cierra la llave del agua y apaga las luces cuando no las utilices.
- Camina o ve en bicicleta a la escuela.
- Bebe de botellas de agua reutilizables.
- Toma una ducha y no un baño. ¡Puedes ahorrar toneladas de agua de esta manera!

Los límites del crecimiento

En su exitoso libro, *Los límites del crecimiento*, la autora Donella Meadows escribe: "No podemos tener un crecimiento infinito en un planeta finito. Los suministros de la Tierra... no podrán satisfacer continuamente las necesidades de una población mundial en rápida expansión y sus crecientes demandas de materiales".

La Madre Tierra nos da todo lo que necesitamos para sobrevivir. Pero si seguimos tomando, tomando y tomando y nunca lo reponemos..., finalmente, nos quedaremos sin nada.

Piensa como un científico

¿Cuáles son los efectos de la sobreexplotación? ¡Haz la prueba y descúbrelo!

Qué conseguir

- palomitas de maíz
- tazones

Qué hacer

1. Reúne a un grupo grande de familiares o amigos. Dale a todos un tazón.

2. Dale a cada persona un número del 1 a la cantidad de personas que sean; por ejemplo, del 1 al 10.

3. Haz que la persona con el número 1 llene su tazón con la cantidad de palomitas de maíz que desee.

4. Haz que la persona con el número 2 haga lo mismo. Continúa con una persona a la vez hasta que la última persona tenga su turno.

5. ¿Qué pasó? ¿Todos se sirvieron palomitas de maíz? ¿Las cantidades fueron parejas? Piensa en cada persona como una "generación". ¿Alguien pensó en las próximas generaciones cuando se servían las palomitas de maíz? ¿Qué habrían hecho diferente?

Glosario

acuífero: lechos subterráneos de roca o tierra que contienen o transmiten agua

agotarse: reducirse o terminarse

biológico: proveniente de o relacionado con los seres vivos

combustibles fósiles: combustibles que se forman en la Tierra a partir de plantas o animales muertos

complejas: no fáciles de comprender o explicar

escasos: limitados

extracción: el acto o proceso de retirar algo

industrias: negocios

radiactivos: que dan energía cuando los núcleos atómicos de una sustancia se dividen

recursos naturales: cosas que existen en el mundo natural, como la madera, el petróleo o los minerales

renovable: que es posible reabastecerlo

sobreexplotación: el uso de un recurso al punto de un agotamiento grave, colapso e incluso la destrucción

sustancias químicas: sustancias que se generan cuando los átomos o las moléculas cambian

Índice

acuífero Ogallala, 24

agotamiento, 25

agua dulce, 7, 10, 17

animales, 11, 14, 16

bosques, 14–15

ciclo del oxígeno, 15

combustibles fósiles, 10–11, 19, 21

contaminación, 24

ecosistema, 13–14

exploración, 8, 22

Gran Parche de Basura del Pacífico, 25

Los límites del crecimiento, 27

no renovable, 18, 20

plantas, 12, 14–16, 23

renovable, 12, 14, 26

sobreexplotación, 12, 28

suelo, 12, 17, 21–22

sustancias químicas, 24

valor biológico, 9

¡Tu turno!

Desde el recurso hasta ti

Mira a tu alrededor y toma nota de cinco cosas diferentes que hayas usado hoy. Escríbelas en una lista. Al lado de cada una, escribe de qué está hecha. ¿Agua? ¿Madera? ¿Plástico? ¿Metal? ¿Todos los anteriores? Ahora, escribe de dónde crees que provinieron los materiales y los recursos que se utilizaron para fabricarlas. ¿Qué crees que se necesitó para llevar esas cosas desde el recurso original hasta ti?